www.dk.com

Ecrit et édité par Angela Royston
Responsable artistique Nigel Hazle
Fabrication Marguerite Fenn
Illustrateur : Rowan Clifford

Édition originale publiée en Grande-Bretagne en 1991,
par Dorling Kindersley Limited, 9 Henrietta Street, London WC2E 8PS

ISBN : 075138566 2
Dépôt légal avril 2000

Photogravure par Colourscan, Singapoure
Imprimé et relié par L.E.G.O, Italie

REGARDE-LES GRANDIR

LE CHATON

Photographies de

JANE BURTON

DORLING KINDERSLEY

Londres . New York . Sydney . Paris . Delhi . Munich . Johannesburg

Le chaton nouveau-né

Je viens tout juste de naître.
Je suis encore tout mouillé !
Je n'entends rien et je ne vois pas encore.

Ma Maman me lèche tendrement
pour me sécher.

C’est
moi !

Avec mon frère et mes sœurs,
je tète le lait de ma Maman.

Une boule de chatons !

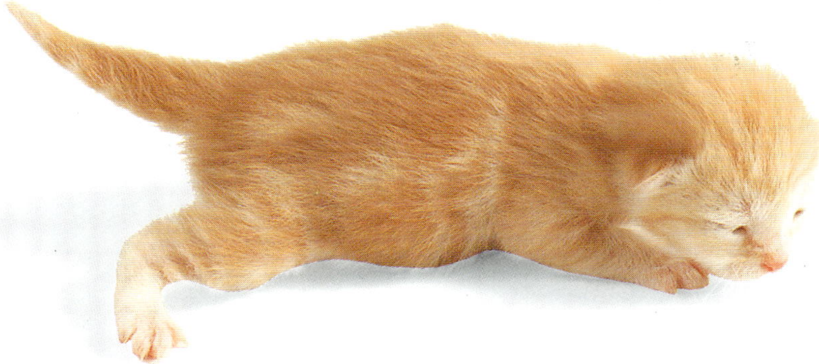

J'ai quatre jours.
Je m'approche en rampant
de mes frères et sœurs.

Je grimpe sur eux
et, tous ensemble,
bien serrés,
nous nous endormons.

Nous voici réveillés.
Pendant que Maman fait sa toilette,
nous essayons de téter.

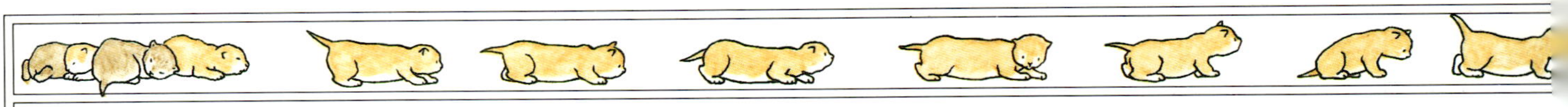

Tout seul et perdu !

J'ai deux semaines maintenant.
Je commence à voir et à entendre,
et l'envie me prend
de partir à l'aventure...

Le nez collé au plancher,
j'avance en rampant
tout doucement.

Je me suis perdu !
Où est ma Maman ?
Je miaule très fort
pour qu'elle vienne me chercher.

A la conquête du monde

A un mois,
je me sens
tout prêt à explorer
le monde entier !

Mais,
qu'est-ce que c'est que ça ?

Oh ! Un chien !

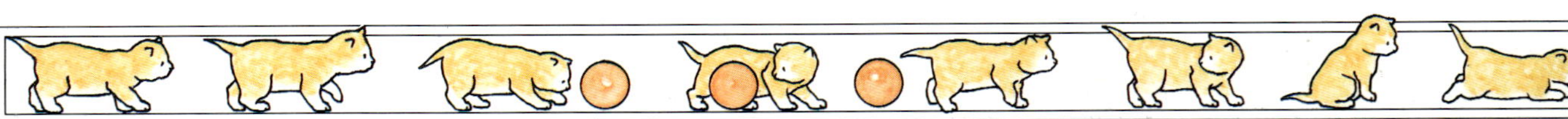

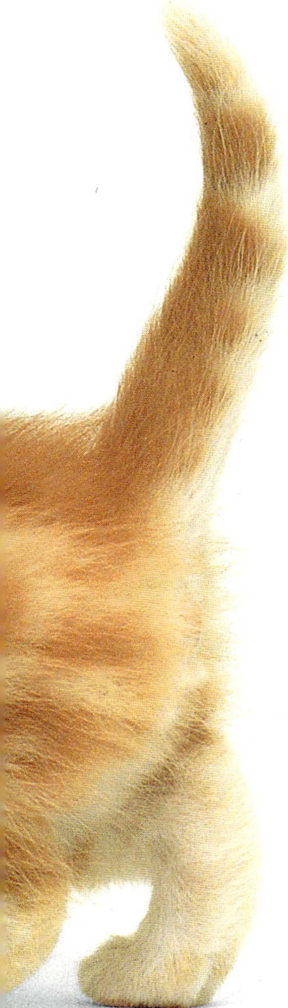

Vite, vite, je fais demi-tour
et je cours me réfugier auprès de ma mère,
de mes frères et de mes sœurs.

J’espère que ce chien va partir…

Jeux de chatons

J'ai six semaines.
J'adore gambader
et jouer...

... avec un pompon.
Mais la laine n'arrête pas
de s'enrouler
autour de mon cou !

Ouf !
Je suis libre !
Et si je jouais
avec ma balle
maintenant ?

Batailles de chatons

J’ai deux mois.
Je suis un grand
maintenant.

Personne
ne veut jouer
avec moi ?
Alors,
je vais faire semblant de dormir !

Ah ! Voilà mon frère.
Hop, je bondis sur lui,
et nous roulons
tous les deux par terre.

La toilette

J'ai deux mois et demi.
Je suis presque
un chat adulte.

Je mange
dans une
petite assiette.

Je sais faire
ma toilette tout seul.
Je lèche ma patte avant
pour nettoyer mon museau.

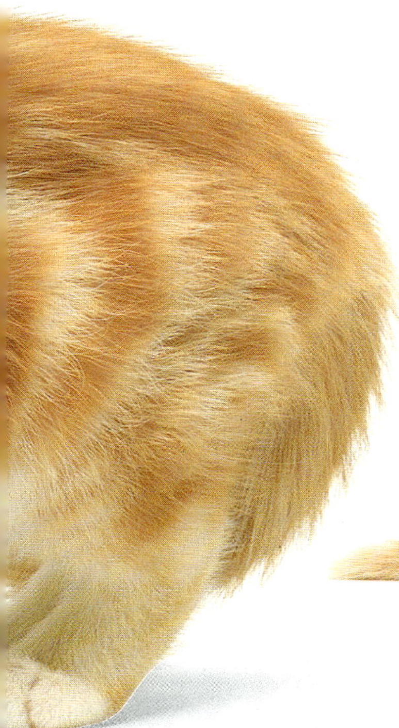

Je m'applique :
la toilette est un moment très sérieux !

Regarde comme j'ai grandi !

J'ai un jour.

Quatre jours

Deux semaines

Un mois

Un mois et demi

Deux mois

Deux mois et demi

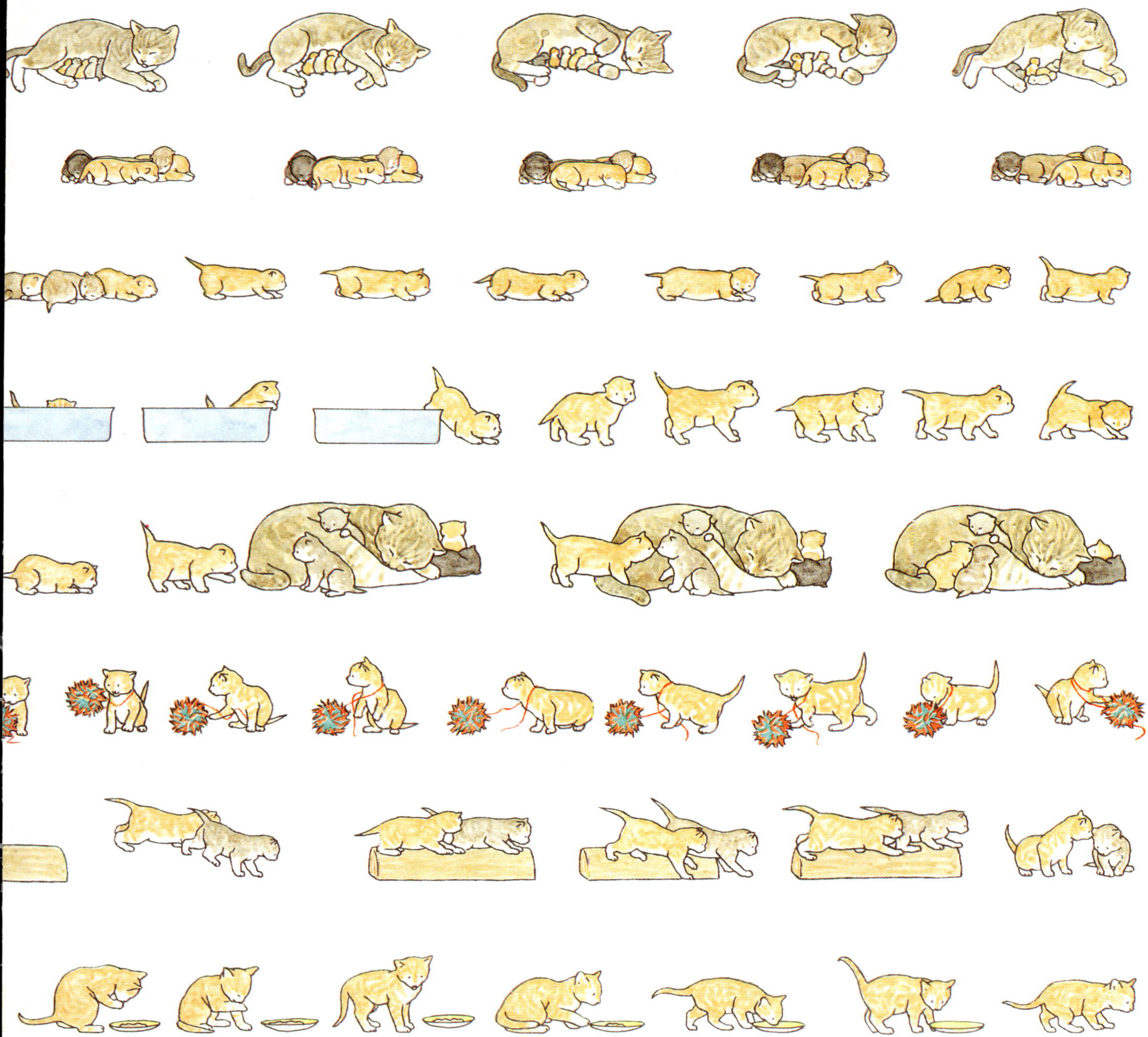

THE WORLD OF

Geography